O PODER DA PALAVRA

O SURPREENDENTE PODER DAS AFIRMAÇÕES

Segundo livro da autora do *best-seller O jogo da vida*

Florence Scovel Shinn

O PODER DA PALAVRA
O SURPREENDENTE PODER DAS AFIRMAÇÕES

Segundo livro da autora do *best-seller O jogo da vida*

© Publicado em 2017 pela Editora Isis.

Revisão de textos: Ana Paula Enes
Diagramação: Décio Lopes

DADOS DE CATALOGAÇÃO DA PUBLICAÇÃO

Shinn, Florence Scovel

O Poder da Palavra / Florence Scovel Shinn | 1ª edição | São Paulo, SP | Editora Isis, 2017.

ISBN: 978-85-8189-091-3

1. Autoajuda 2. Poder Pessoal I. Título.

Proibida a reprodução total ou parcial desta obra, de qualquer forma ou por qualquer meio seja eletrônico ou mecânico, inclusive por meio de processos xerográficos, incluindo ainda o uso da internet sem a permissão expressa da Editora Isis, na pessoa de seu editor (Lei nº 9.610, de 19.02.1998).

Direitos exclusivos reservados para Editora Isis.

EDITORA ISIS LTDA
www.editoraisis.com.br
contato@editoraisis.com.br

SUMÁRIO

1. Sua palavra é muito poderosa 7
2. O sucesso 11
3. A Prosperidade 23
4. A Felicidade 27
5. O Amor 31
6. O Matrimônio 33
7. O Perdão 35
8. Palavras de Sabedoria 37
9. A Fé 43
10. As perdas 53
11. As dívidas 55
12. As vendas 57
13. Entrevistas de trabalho 59
14. Alguns conselhos 61
15. A proteção 65
16. A memória 67

17. Os Desígnios Divinos 69
18. A saúde 73
19. Os elementos 81
20. Diversos pensamentos 85

1

SUA PALAVRA
É MUITO PODEROSA

A palavra do ser humano é carregada de magia e poder. Jesus Cristo insistiu no poder da palavra: *"Por tuas palavras serás justificado e por tuas palavras serás condenado"*; *"A morte e a vida estão no poder da língua"*, diz o livro dos provérbios.

Desse modo, o ser humano tem o poder de transformar uma situação infeliz por meio da ação da "varinha mágica" que representa sua palavra. No lugar da desilusão surge a alegria, a doença dá lugar à saúde e a necessidade é substituída pela abundância.

Certo dia, uma mulher me procurou para um tratamento de prosperidade e tudo o que ela tinha era cerca de 500 dólares. Eu disse a ela: *"Vamos benzê-la e tomar consciência de que você possui a bolsa mágica do Espírito e que ela nunca vai se esvaziar. À medida que o dinheiro for saindo da bolsa, ela se encherá novamente sob a influência da Graça Divina, em perfeitas condições."*. E mais: *"Vejo esta bolsa sempre repleta* de várias *cédulas de dinheiro, além de trocados, cheques, moedas de ouro e prata. Enfim, vejo-a quase que transbordando de tão cheia".*

Aquela mulher respondeu: *"Sinto que minha bolsa pesa de tanto dinheiro que há nela".* Sua fé era tão profunda que me deu metade do que possuía, em sinal de um afetuoso agradecimento. Não me atrevi a recusar, sequer parecer que aquilo poderia lhe fazer falta, pois era importantíssimo manter a imagem de abundância.

Pouco tempo depois, ela foi presenteada com uma importância significativa. Esse milagre se tornou real graças a sua fé inexpugnável e a sua palavra pronunciada.

A afirmação referente à bolsa mágica é muito eficaz, pois apresenta à mente uma imagem viva. É impossível não ver dinheiro em sua carteira ou em seu porta-moeda quando utiliza as palavras "cheio" ou "abundante".

A faculdade de formar imagens é criadora é importante escolher as palavras que, num instante, lhe farão ver a realização de sua demanda.

Nunca force uma imagem, imaginando-a voluntariamente. Permita que a ideia Divina ilumine amplamente sua consciência, assim, o aluno trabalha conforme os desígnios Divinos.

Jesus Cristo disse: *"Conhecereis a verdade e a verdade os fará livres".* Isso quer dizer que o ser humano precisa conhecer a verdade em todas as situações que enfrentará pelo caminho.

Não há verdade na necessidade ou na restrição. *"Diante de uma imperfeição, agite a varinha mágica da Sua Palavra e o deserto se alegrará e florescerá como uma rosa".*

O temor, a dúvida, a ansiedade, a irritação e o ressentimento enfraquecem as células do corpo, alteram o sistema nervoso e são a causa das doenças e dos desastres.

A felicidade e a saúde podem ser alcançadas por meio de um controle absoluto dos sentimentos e das emoções.

O poder entra em ação, mas não se pode atuar sobre ele.

Quando o ser humano permanece calmo e sereno, ele tem bom apetite e se sente contente e feliz embora as aparências enganem isso significa que atingiu a maestria. Dessa maneira, poderá dominar "os ventos e as ondas do mar", assim como todas as circunstâncias.

Sua palavra é uma força que transforma um aparente fracasso em um êxito.

Sabe que seus recursos universais são inesgotáveis, disponíveis instantaneamente e que tudo o que necessita se manifesta de maneira imediata.

Uma mulher que vivia à beira do mar, certo dia acordou ouvindo o canto das sereias. Uma espessa neblina estendia-se sobre o oceano sem que nada pudesse ser feito para desaparecer. Assim, ela se pronunciou imediatamente com a seguinte afirmação: *"Não há neblina no Espírito Divino. Que essa névoa desapareça! Agradeço a saída do Sol!"*.

Pouco depois, o Sol apareceu. Isso mostra que "o ser humano domina os elementos e toda a criação".

Toda pessoa tem o poder de expulsar as névoas de sua vida, pois elas se apresentam em forma de falta de dinheiro, de amor, de felicidade ou de saúde.

"Agradeça para que o Sol surja!"

2

O SUCESSO

Certas palavras e determinadas imagens impressionam nosso subconsciente.

Num belo dia, um senhor veio me procurar para que eu lhe pronunciasse "uma palavra" que lhe proporcionasse uma situação justa.

Então, eu lhe disse o seguinte: "*Acabo de abrir a porta do destino diante do Senhor e ninguém a irá fechar*".

Naquele momento, a afirmação não pareceu impressionar muito, mas uma inspiração me fez acrescentar: "*E ninguém a fechará porque sempre esteve aberta*". Foi então que esse homem ficou, literalmente pasmo, foi embora como se estivesse nas nuvens. Algumas semanas depois, aquele senhor foi chamado para um emprego muito bom, daqueles obtidos de forma milagrosa, numa cidade distante.

Vou citar outro exemplo de uma pessoa que não teve medo de seguir sua intuição.

Essa pessoa trabalhava para ganhar um salário miserável quando conheceu e leu meu livro *O jogo da vida*. De repente, ela teve a brilhante ideia de abrir uma confeitaria.

A princípio, teve dúvidas sobre essa ideia, mas, aos poucos, seguiu em frente de forma valente, buscou um local e os funcionários necessários.

Pronunciou a afirmação para conseguir os recursos necessários, pois não tinha dinheiro para empreender no negócio. Até que o dinheiro surgiu de forma milagrosa e a confeitaria pôde ser aberta.

Desde o primeiro dia, sua confeitaria esteve cheia de clientes e, atualmente, há filas gigantescas em sua porta.

Um dia festivo, seus empregados ficaram preocupados porque nenhum cliente entrava no estabelecimento, mas minha aluna alegou dizendo que Deus era seu recurso e que cada dia era um dia melhor. À tarde, um amigo foi visitá-la, comprou uma caixa de bombons e lhe entregou um cheque. Quando leu o valor, viu que era de três mil dólares. Havia sido um bom dia! Uma excelente quantia por uma simples caixa de bombons!

A partir de então, ela me confessou que todas as manhãs, quando entra em sua loja, emociona-se e agradece por ter "*a fé que triunfa, inclusive, nas circunstâncias adversas*".

Afirmações

Tudo está pronto para que a Ação Divina se manifeste e meu bem venha até mim por meio das bênçãos e de maneira mágica.

Afasto de mim todas e quaisquer condições e situações desarmônicas. A Ordem Divina está firmemente estabelecida em minha mente, em meu corpo e em meus negócios. A partir disso posso fazer algo novo.

Aquilo que me parecia um bem impossível de alcançar, acontece agora, e o inesperado dá lugar a este preciso momento.

Os "quatro ventos do sucesso" sopram em minha direção e me trazem sucesso. De norte a sul e de leste a oeste chega até mim meu bem infinito.

Cristo está ressuscitado em mim,
meu destino será realizado agora.

❧

O bem infinito chega até mim,
agora, por caminhos infinitos.

❧

Faço ressoar meus címbalos e me glorifico,
pois o Eterno prevê e ilumina o meu caminho,
tornando-o fácil, claro e fértil.

❧

Agradeço por meu sucesso extraordinário.
Afasto todos os obstáculos que existem diante de mim,
pois trabalho com o Espírito e me conformo com
o Plano Divino de minha vida.

❧

Graças ao Espírito Divino estou à altura
de qualquer situação.

❧

Estou sempre preparado para acolher meu bem, a partir disso posso colher uma infinidade de outros bens.

～

A harmonia reina sobre mim. Estou equilibrado.
Sou atrativo. Posso atrair meu próprio bem.
Meu poder é o Poder Divino, que é irresistível.

～

A Ordem Divina reina agora em meu espírito,
em meu corpo e em meus negócios. Vejo com lucidez,
atuo com rapidez e minhas maiores esperanças são
realizadas milagrosamente.

～

Não há rivalidade no plano espiritual. Aquilo que é
meu por direito consigo por meio da Graça Divina.

～

Trazia em mim um reino ignorado,
que agora me é revelado em nome de Jesus Cristo.

～

Te coloco diante da porta aberta do Destino e ninguém poderá fechá-la, pois está solidamente afixada.

Meu Destino mudou e agora tudo obedece ao meu desejo.

Esqueci meu passado e agora vivo um presente maravilhoso, que me reserva surpresas extraordinárias.

Nada está perdido para o Espírito Divino; quando uma porta se fecha, logo outra se abre.

Encontrei magicamente um trabalho mágico.
Faço um serviço mágico para um tratamento mágico.

Despertou-se o gênio que há em mim.
Agora meu Destino será realizado!

Qualquer contratempo que tenho é uma aprendizagem e todo obstáculo torna-se uma oportunidade.
Todas as coisas do Universo, sejam elas visíveis ou invisíveis, trabalham para o meu benefício.

∽

Agradeço porque os muros de Jericó desmoronaram; que toda necessidade, limitação e fracasso sejam apagados da minha consciência, em nome de Jesus Cristo.

∽

Estou seguindo o caminho real do sucesso, da felicidade e da abundância; tudo isso está em meu caminho.

∽

Não deixarei de fazer meu trabalho nem executar meus deveres, pois sei que, no momento certo, colherei os frutos.

∽

Deus caminha ao meu lado e a batalha já está ganha.
Todo pensamento negativo está apagado.
Sou vitorioso em nome de Jesus Cristo.

∽

Não há obstáculos para o Espírito Santo,
por isso nada de mal pode acontecer comigo.

～

Todos os obstáculos desaparecem do meu caminho.
As portas e as janelas se abrem e,
pela graça do Senhor, entro no reino do sucesso.

～

Ritmo, harmonia e equilíbrio estabelecem-se em meu
espírito, em meu coração e em meus negócios.

～

Novos campos de Ação Divina
abrem-se para mim e preparam a colheita.

～

A vontade do ser humano é impotente diante de Deus.
A vontade de Deus se realiza agora em meu espírito,
em meu corpo e em meus negócios.

～

O plano de Deus é imutável para mim,
não pode ser mudado. Sou fiel à minha visão celeste.

∽

O plano de Deus para a minha vida realiza-se
agora em forma de circunstâncias definidas,
destinadas ao desejo do meu coração.

∽

Extraio do Universo com poder e determinação
irresistível aquilo que é meu por Direito Divino.

∽

Não resisto a nenhuma circunstância.
Deixo tudo nas mãos do amor e da sabedoria infinita.
Que o plano Divino seja realizado agora!

∽

Meus bens fluem para mim como uma corrente regular
e ininterrupta, sempre crescente e repleta de êxito,
felicidade e abundância.

∽

*Não há ocasiões perdidas no invisível.
Quando uma porta se fecha, outra se abre.*

❧

*"Não há nada que eu possa temer, pois o poder do mal
não existe". Em vez do leão, que parecia um obstáculo
em meu caminho, encontro-me diante de um anjo
revestido de armadura e com a vitória,
em nome de Jesus Cristo.*

❧

*Estou em perfeita harmonia com a ação do Universo, deixo
que a inteligência infinita se ocupe dos meus negócios.*

❧

*A terra onde vivo é uma terra santa;
a terra onde vivo é uma terra feliz;
a terra onde vivo é uma terra em que reina o sucesso.*

❧

*Novos campos da Ação Divina são oferecidos
para mim. Novas portas abrem-se e
revelam-me caminhos inesperados.*

❧

O que Deus faz para os outros e o que pode fazer para mim: Algo ainda maior!

~

Necessito tanto de Deus como Ele de mim, pois eu sou seu intermediário através do plano que Ele pretende implantar.

~

Não há limites para Deus nem para mim. Entre Deus e Eu tudo é possível.

~

Devemos dar antes de receber; os presentes que dou aos outros precedem aos dons que Deus me destina.

~

Todo ser humano é um elemento de ouro no conjunto dos meus bens.

~

Meu equilíbrio é inexpugnável. Vejo com clareza e atuo com celeridade.

~

Deus não pode fracassar, assim como também não fracasso. O guerreiro que tenho dentro de mim é vitorioso.

❦

Que o seu reino venha até mim. E que a Sua vontade se realize sobre mim e sobre meus negócios.

❦

3

A PROSPERIDADE

O ser humano chega a este mundo dotado por Deus de tudo o que deseja e de tudo o que é necessário para sua vida.

Por meio da fé e da palavra pronunciada esses recursos lhes são atribuídos.

"Se você acreditar, todas as coisas serão possíveis".

Certo dia, uma cantora veio me contar sobre uma experiência que teve após ler o meu livro *O jogo da vida*.

Ela estava iniciando no mundo do teatro, mas queria fazer um dos papéis principais. Assim, escolheu a seguinte afirmação:

"Espírito Infinito, abre meus caminhos para a chegada da minha abundância. Sou um imã que atrai de forma irresistível tudo o que me pertence por direito Divino".

Após isso, recebeu um ilustre papel em uma ópera que estava em cartaz e em destaque na época.

Então, ela me disse:

"Foi um milagre devido a essa afirmação que repito mais de mil vezes".

Afirmações

Das riquezas invisíveis, extraio meus recursos imediatos e inesgotáveis. Todos os meus caminhos estão livres! Todas as portas estão abertas!

~

Eu me livro agora de todos os meus tesouros. Sou um elo de todo o ouro e da prosperidade infinita que vêm até mim por meio do agradecimento.

~

A bondade e a misericórdia me acompanharão por todos os dias da minha vida. Viverei sempre na mansão da abundância.

~

Meu Deus é o Deus da abundância, assim, recebo tudo o que desejo e tudo o que necessito. E muito mais!

~

Tudo o que é meu por Direito Divino está livre e flui de maneira milagrosa sob a influência do agradecimento.

~

Portas inesperadas se abrem bruscamente, caminhos suspeitos aparecem livres, assim como a abundância sobre mim em uma avalanche interrompida pelo agradecimento.

∼

Gasto meu dinheiro sob a influência de uma inspiração direta, sábia e sem temor, sabendo que meus recursos são infinitos e imediatamente estarão disponíveis.

∼

Não tenho medo de gastar meu dinheiro, pois sei que Deus é minha riqueza instantânea e infinita.

∼

4

A FELICIDADE

No maravilhoso filme *O ladrão de Bagdá*, uma frase aparece em letras luminosas: *A felicidade se ganha*. Ganha-se por meio de um domínio perfeito de nossos sentimentos e de nossas emoções.

Não há felicidade onde reinem o medo, a apreensão e o terror. A *"fé perfeita em Deus"* está sempre acompanhada de um sentimento de segurança e felicidade.

Quando um ser humano sabe que um poder invencível lhe protege, assim como a tudo ama, ele concretiza qualquer desejo legítimo do seu coração, uma vez que não sofre nenhuma tensão nervosa, é feliz e está satisfeito.

As adversidades já não se alteram, pois sabe que a inteligência perfeita protege seus interesses e, dessa forma, utiliza todas as situações para realizar seus desejos.

"Serei um caminho no deserto e surgirão águas nas terras áridas".

"O coração irritado não encontra repouso". Os problemas, os rancores, a má vontade, os ciúmes e a vingança despojam do ser humano toda a felicidade e o arrastam para o caminho da doença, do fracasso e da pobreza.

O rancor tem destruído mais lares do que a bebida, assim como tem sido mais assassino do que a guerra.

Conheci uma mulher que desfrutava de uma saúde perfeita, era feliz e estava casada com um homem que amava. Ele morreu deixando uma parte dos seus bens a um parente, provocando grande ressentimento na mulher. Desde então, ela emagreceu, foi incapaz de trabalhar, teve cálculos biliares e acabou ficando gravemente doente.

Um metafísico a visitou e lhe disse: *"Você viu o que o ódio e o ressentimento fizeram com a senhora? Isso foi determinante para a formação de todas essas pedras em seu organismo. Apenas o perdão e a boa vontade poderão curá-la"*.

Dessa forma, a mulher entendeu que o metafísico tinha razão e logo recuperou seu equilíbrio moral e sua ótima saúde.

Afirmações

Estou inundado dessa felicidade que foi prevista para mim, desde o início dos tempos. Minhas granjas estão cheias e minha cozinha transborda de alegria.

~

Meu bem infinito chega até mim por meio de inúmeros caminhos.

~

Uma alegria permanece em mim de forma maravilhosa; e essa alegria instalou-se em mim para permanecer para sempre.

❧

Todos os dias recebo felizes surpresas. E observo com gratidão aquela que está diante de mim.

❧

Caminhava corajosamente ao encontro de um "leão", que acreditava cruzar meu caminho, mas, de repente, deparo-me com um bom e fiel cachorrinho.

❧

Tudo é harmonioso em mim, estou radiante, livre da tirania e do temor.

❧

Minha felicidade está fixada em uma rocha; agora ela é minha e será por toda a eternidade.

❧

Meus bens fluem para mim em uma corrente constante, contínua e sempre crescente de felicidade.

❧

*Minha felicidade tem a ver apenas com Deus.
Por isso, ninguém pode se opor a ela.*

~

*Agradeço por minha felicidade permanente, minha
saúde permanente, minha riqueza permanente
e meu amor permanente.*

~

*Tudo em mim é harmonia, sou feliz e divinamente
atraente. Meus barcos chegam ao porto através
de um mar tranquilo e sereno.*

~

*Os propósitos de Deus para mim
são perfeitos e profundos.*

~

*Os desejos do meu coração são uma ideia perfeita do
Espírito Divino; são invariáveis e indestrutíveis
e realizam-se de forma mágica
por meio do agradecimento.*

~

5

O AMOR

Junto ao amor nasce, geralmente, um medo terrível. Algumas mulheres vivem com o pensamento secreto de que uma rival imaginária possa roubar seu amor.

Elas a chamam de "A Outra". Evidentemente, isso é resultado de uma crença errônea que se apresenta em dualidade. Enquanto a mulher imaginar esse conflito, ele se perpetuará.

Como regra geral, é bastante difícil uma mulher ser amada pelo homem que ela ama. Por essa razão, essas afirmações servem para gravar em seu subconsciente a verdade das situações, pois, na verdade, a única coisa que existe é a unidade.

Afirmações

Assim como sou único para Deus, único e exclusivo, sou único com meu amor e minha felicidade exclusiva.

A luz de Cristo apaga todo o medo que age sobre
mim, assim como toda a dúvida, todos os problemas
e ressentimentos. O amor de Deus me transmite uma
corrente magnética. Apenas vejo a perfeição
e atraio para mim o que realmente é meu.

O amor Divino afasta de mim os obstáculos aparentes
e abre meus caminhos de forma clara,
feliz e repleta de sucesso.

Amo todo mundo e todo mundo me ama.
Quem parecia ser meu inimigo agora é meu amigo.
Um elo de ouro na cadeia do bem.

Estou em paz comigo e com o mundo inteiro. Amo o
mundo todo e o mundo todo me ama. As barreiras que
estavam fechadas agora se abrem para mim.

6

O MATRIMÔNIO

Se um matrimônio não estiver fortemente fundamentado na rocha da *União* não poderá durar. "*Duas almas e um só pensamento, dois corações que batem como um só*".

O poeta compreendeu, que marido e mulher vivam os mesmos pensamentos, ou seja, vivam no mesmo mundo de pensamento, caso contrário, mais cedo ou mais tarde cada um seguirá um caminho.

O pensamento é uma força vibratória extraordinária e o ser humano atrai as criações do seu pensamento.

Um exemplo: um homem e uma mulher casam-se e vivem aparentemente felizes, ou seja, num mesmo mundo. Em determinado momento, o homem teve grande êxito em seus negócios e, a partir de então, seus gostos tornaram-se mais refinados, enquanto que a mulher continuava a viver em seu mundo limitado. Cada vez que o marido precisava comprar algo, ia aos melhores comércios e escolhia o que mais gostava, sem reparar nos preços. Sua mulher, pelo contrário, frequentava apenas as lojas mais baratas. Ele estava sempre na Quinta Avenida, ela frequentava a Terceira.

Sem dúvida, houve a ruptura e, consequentemente, a separação.

Esses casos ocorrem frequentemente, em que, após o sucesso, muitos homens ricos abandonam suas fiéis companheiras, que trabalharam duramente.

A mulher deve seguir os gostos e as ambições do marido e viver no mundo do seu pensamento, pois o homem está onde estão os seus pensamentos.

Para cada um de nós está reservada "a outra metade" e pertence à Escolha Divina.

Esses dois seres não podem ser mais que um no mundo dos seus pensamentos.

Agora são dois: *"O que Deus uniu ninguém pode separar"*.

"Os dois formarão um", pois o Supraconsciente (Cristo em nós) de cada um de nós faz parte do Plano Divino.

Afirmação

Agradeço porque o matrimônio realizado no céu agora se faz visível na Terra.
"Os dois formarão um" agora e por toda a eternidade.

7

O PERDÃO

Afirmações

Perdoo a todos e todos me perdoam. Abrem-se as portas de par em par para deixar entrar meus bens.

Entrego-me à lei do perdão. Estou livre dos erros e das consequências de todos os erros. Estou sob a influência da Graça e não da lei cármica.

Se meus erros fossem "escarlatas", eu ficaria mais branco que a neve.

O que não acontece no reino do Senhor não ocorre nunca em nenhuma parte.

8

PALAVRAS DE SABEDORIA

Afirmações

"A fé, sem trabalho, estaria morta."

~

Não há distância alguma entre a taça e os lábios, pois um foi feito para o outro.

~

Tome o impulso, se se detiver nas aparências, nunca irá saltar.

~

Deus realiza seus milagres em lugares inesperados,
com intermediários inesperados e em
momentos inesperados.

❦

O poder entra em ação, mas nunca é movido.

❦

Amar o próximo não significa limitá-lo com palavras,
pensamentos ou ações.

❦

"Nunca discuta com uma intuição."

❦

Cristóvão Colombo seguiu uma intuição.

❦

O reino dos céus é o reino das ideias perfeitas.

❦

Mesmo com a aurora escura, uma hora ela chegará.
Tenha confiança na aurora!

❦

Mesmo quando estiver em dúvida, jogue-se,
atire-se de maneira corajosa.

～

Os atos que mais contam são aqueles corajosos.

～

Não faça hoje o que a intuição diz para fazer amanhã.

～

Nossa vida será maravilhosa, por isso não reflita muito.

～

Ame o próximo como a si mesmo.

～

Nunca coloque obstáculos na intuição alheia.

～

O egoísmo cega e impõe obstáculos.
Todo pensamento amistoso e desinteressado
carrega a semente do êxito.

～

Não se canse da fé, quando menos esperar
poderá colher os frutos.

∽

A fé é elástica. Estique-a até o fim de sua demonstração.

∽

Antes de pedir, dê, pois o socorro precede a demanda.

∽

O que fizer aos outros, de certa forma, fará a você mesmo.

∽

Toda ação realizada diante de uma irritação
ou de um ressentimento terá uma reação infeliz.

∽

Não há poder nem realidade diante do mal,
afinal o mal não existe.

∽

O temor e a impaciência nos enfraquecem.
O equilíbrio e a calma nos trazem dinamismo.

∽

Apague certas reflexões da sua mente por meio das
afirmações. Josafat fez soar os címbalos para
não escutar seus pensamentos.

~

Toda escravidão é uma ilusão da consciência humana.
Sempre há, por meio da graça,
uma maneira de escapar de qualquer situação.
Todos os seres humanos são livres para
obedecer a vontade de Deus.

~

A certeza é mais forte que o otimismo.

~

"Os propósitos Divinos nunca entram em conflito."

~

É perigoso não seguir até o final de nossas intuições.
O Espírito Infinito nunca intervém tarde demais.

~

9

A FÉ

A esperança está focada no futuro. *A fé* sabe o que já recebeu e, *a partir disso, age consequentemente.*

Em meus cursos, insisto frequentemente na importância de se cavar um poço, ou seja, de preparar-se para receber o que foi pedido. Isso demonstra fé ativa e leva à realização dos desejos.

Em um dos meus cursos, havia um estudante que eu chamava de "animador da reunião", pois ele sempre tentava me perguntar algo que eu não soubesse responder. Mesmo ele não conseguindo tal feito, um dia perguntou: *"Por que tantas mulheres que preparam seu enxoval durante anos nunca se casam?"*. Então, respondi: *"Porque preparam com esperança, mas sem fé".*

Muitas também violam as leis explicando seus projetos a suas amigas, que duvidam ou esperam que tais projetos nunca se realizem.

"Ore a vosso Pai o que está em segredo e vosso Pai os recompensará publicamente".

Um aluno nunca deve falar de um desejo que tem antes que ele se realize e se torne visível.

Por essa razão, guarde em segredo seus desejos e pronuncie a palavra para que se realize a escolha do seu marido, por meio da Graça divina e em perfeitas condições.

Aquilo que Deus uniu não pode ser separado por nenhum pensamento.

Afirmações

Inclusive as aparências adversas trabalhem para o meu bem, pois Deus serve qualquer pessoa e em qualquer situação, portanto, Ele realizará os desejos do meu coração. "Os impedimentos são meus amigos" e os obstáculos são trampolins. Agora me atiro para meu bem.

∽

Assim como sou único e exclusivo,
meus bens também são únicos e exclusivos.

∽

Assim como o ponteiro da bússola me orienta fielmente para o norte, o que me pertence também permanece fiel. Eu sou o norte.

∽

Estou ligado a um laço magnético invisível
que nunca se quebrará.
Tudo o que me pertence é meu por direito Divino.

∽

Seu reino chegou. Sua vontade se realiza
em mim e em meus negócios.

∽

Para todo plano que meu Pai do Ceu não tenha
concebido fracassará e se acabará, o Plano Divino
que se refere a minha vida, se realizará agora.

∽

O que Deus me dá ninguém pode tirar,
pois seus dons são para a eternidade.

∽

Minha fé está edificada sobre uma rocha e o desejo do
meu coração se realizará agora, sob a influência
da graça divina e de forma milagrosa.

∽

Vejo meus bens rodeados de luz. Vejo meus campos
brilharem com a brancura da colheita.

~

Deus é a fonte imediata e infalível dos meus bens.

~

Sou forte e estou equilibrado. Minhas maiores
esperanças se realizam de modo milagroso.

~

Rego com fé o deserto que me rodeia e,
de repente, ele floresce como uma roseira.

~

Exerço minha fé infinita de três maneiras:
pelo pensamento, pela palavra e pela ação.

~

Sou insensível às aparências,
por isso elas desaparecem do meu caminho.

~

Permaneço firme e impávido. Agradeço porque meu desejo, que antes parecia irrealizável, agora se realizará, pois sei que para Deus tudo é fácil e que minha hora chegará.

∽

Os planos de Deus para mim são eternos: o que era meu a princípio é meu agora e será para sempre.

∽

Sei que nada nem ninguém podem vencer a Deus, consequentemente, nada nem ninguém podem me vencer.

∽

Tenho fé e sirvo com paciência ao Eterno (à Lei). Não me irrito contra os malfeitores (pois todo ser humano é um elo que abastece meus bens) e o Senhor realiza os desejos do meu coração. (Ver salmo 37).

∽

A fé intrépida de Cristo, que está sobre mim, anima-me desde já. Quando me aproximo dela, as barreiras e os obstáculos desaparecem.

∽

Permaneço firme e forte, pois sei que a colheita já está por vir. Minha fé infinita em Deus será realizada pelo plano Divino que rege a minha vida.

∽

Todo medo será recusado em nome de Jesus Cristo, pois sei que nada nem ninguém podem me ferir. Deus é a terra e o único poder.

∽

Estou em perfeita harmonia com a ação da Lei, pois sei que a Inteligência Infinita não conhece obstáculos, nem tempo nem espaço. Apenas conhece a perfeição.

∽

Deus realiza seus milagres por meios mágicos e inesperados.

∽

A partir de agora, tudo age a favor dos desejos do meu coração. Demonstro a Deus que acredito na realização das suas promessas.

∽

Cavo meu poço profundamente com fé e compreensão,
assim os desejos do meu coração realizam-se
de modo surpreendente.

~

Meu poço se enche no momento desejado.
Satisfaz todos os meus desejos e muito mais.

~

"Faço fugir agora o exército de estrangeiros"
(os pensamentos negativos). Eles se alimentam do medo,
mas a fé faz com que eles desapareçam.

~

Os princípios de Deus não podem ser modificados.
É por essa razão que é meu o que é por direito
Divino e sempre será.

~

Agradeço do fundo do coração porque todos os meus
desejos foram atendidos. As montanhas moveram-se, os
vales abriram-se e os caminhos tortuosos tornaram-se
desafios. Vivo no reino das realizações.

~

Minha confiança em Deus é perfeita e Deus tem completa confiança em mim.

～

As promessas de Deus repousam sobre a rocha. E os meus pedidos serão concedidos com toda certeza.

～

"Faça com que nunca se afastem os desejos do meu coração."

～

Não imponho limites a Jesus, nem nas suas palavras, nem nos seus pensamentos, muito menos nas suas ações. Com Deus tudo se torna fácil e possível.

～

Agora me afasto e observo a obra de Deus. Gosto de constatar a rapidez e a facilidade com que Ele atende aos desejos do meu coração.

～

Antes de perder, já havia constatado que poderia colher os frutos de modo surpreendente.

～

Aquele que vela pela realização dos desejos do seu coração "não dorme nem descansa".

～

As portas que pareciam se fechar para mim agora se abrem de maneira surpreendente, assim como os caminhos que pareciam inacessíveis agora se tornam praticáveis, em nome de Jesus Cristo.

～

Meu bem estar, para o entendimento Divino, é uma ideia permanente e perfeita. E esse bem certamente se manifestará, pois nada pode se opor a Ele.

～

Tiro esse peso de cima de mim, em nome de Jesus Cristo, e deixo meu caminho livre.

～

10

AS PERDAS

Ao perdermos um objeto qualquer, nosso subconsciente acredita que podemos sempre perder algo. Tirando essa ideia da cabeça, o objeto perdido ou seu equivalente se exterioriza.

Quer um exemplo? Conheci uma mulher que tinha perdido sua caneta de ouro num teatro. Ela fez o possível e o impossível para encontrá-la. Não aceitando a perda, repetia a seguinte afirmação: "Nego essa perda, pois não existe perda para o Espírito Divino, não quero perder minha caneta. Ela voltará para mim ou então me será dado outra equivalente".

Passaram-se várias semanas. Certo dia, ela encontrou uma amiga que levava na bolsa uma caneta de ouro. Conversaram por um tempo até que essa amiga retirou essa caneta e um papel da bolsa para escrever um endereço. Ao perceber como a mulher olhava para a caneta, a amiga disse: "Como você gostou dessa caneta! Quer de presente?".

Maravilhada com a situação, esqueceu-se de agradecer sua amiga e exclamou: "Meu Deus! Que benção maravilhosa! Minha caneta já era suficiente para mim!", uma vez que esta se tratava de uma caneta muito melhor e muito mais cara que a que havia perdido.

O ser humano somente perde aquilo que não lhe pertence por direito Divino ou aquilo que não é digno de ser seu.

Afirmações

Não há perda possível para no Espírito Divino.
Por isso, não posso perder o que me pertence por direito.
A Inteligência Infinita nunca se manifesta tarde
demais, ela conhece o meio de voltar
a encontrar o que estava perdido.

～

Não há perda para o Espírito Santo. Por isso,
não posso perder o que me pertence. Tudo o que me
pertence por direito Divino será devolvido
ou receberei outro equivalente.

～

11

AS DÍVIDAS

Quando uma pessoa tem dívidas ou lhe devem dinheiro, isso prova que, em seu subconsciente, ela acredita nas dívidas.

Essa ideia precisa ser neutralizada com o objetivo de mudar esse tipo de pensamento.

Certo dia, uma mulher confessou-me que deviam para ela o equivalente a 350 mil dólares há anos e que não conseguia fazer com que o devedor lhe pagasse.

Então, eu lhe disse: "Você deve agir sobre si mesma e não sobre aquele que tem a dívida". E lhe sugeri que praticasse a seguinte afirmação: "Não tenho dívida nenhuma. Não há dívidas para o Espírito Santo. Ninguém me deve nada, tudo está certo. Envio amor e perdão para esse homem.".

Algumas semanas depois, ela recebeu uma carta informando que o devedor tinha a intenção de quitar a dívida, fato que aconteceu meses depois.

Se o caso fosse o contrário, ela que estivesse em dívida, a frase deveria ser a seguinte: "Não há dívidas para o Espírito Santo, por isso, não devo nada a ninguém, tudo está sob controle. Todas as minhas dívidas foram quitadas pela graça do Senhor e estão em perfeitas condições.".

Afirmações

Não aceito a condição de dívida, não há dívidas para o Espírito Santo, por isso, não devo nada a ninguém. Todas as minhas obrigações estão quitadas pela graça do Senhor e por vias milagrosas.

≈

Não aceito a condição de dívida, não há dívidas para o Espírito Santo, por isso, ninguém me deve nada, tudo está sob controle. Envio amor e perdão a todos que estão à minha volta.

≈

12

AS VENDAS

Uma mulher que morava na capital de um estado queria vender sua casa e seus móveis. Era inverno. Havia tanta neve que parecia quase impossível um carro ou um caminhão conseguir chegar à sua porta.

Mas, como havia pedido a Deus para vender sua casa e seus móveis à pessoa certa e por um preço justo, não se importava com as aparências. Assim, reuniu seus melhores móveis, colocou-os no centro da sala e os preparou para serem vendidos. E disse a seguinte afirmação: "*Não perdi tempo vendo como caía a neve. Tenho fé nas promessas de Deus*".

Milagrosamente, um automóvel parou em frente à sua casa e, em poucos minutos, a mulher vendeu todos os móveis, assim como a casa, sem ter que pagar nenhuma comissão a terceiros.

A fé jamais olha a neve pela janela. Prepare-se simplesmente para receber as bençãos que foram pedidas.

Afirmações

Agradeço porque essa propriedade (ou objeto) será vendida para a pessoa certa, por um preço justo, de modo que os dois lados ficarão plenamente satisfeitos.[1]

~

---

[1] Essa afirmação pode ser formulada no plural: esses objetos, essas pessoas, entre outras.

13

ENTREVISTAS DE TRABALHO

Afirmações

A rivalidade não existe no plano espiritual. O que é meu será dado pela graça divina.

~

Eu me identifico com o amor ao espírito de "tal pessoa" (ou de "tais" pessoas) Deus protege meus interesses e o princípio Divino manifesta-se nessa situação.

~

14

ALGUNS CONSELHOS

O ser humano sempre encontra em seu caminho a mensagem ou o guia que necessita. Veja um exemplo dessa circunstância: uma dama, profundamente perturbada pela situação que atravessava, dizia a seguinte frase a si mesma: *"Será que isso não vai acabar nunca?"*. Nesse momento, sua empregada, que estava próxima a ela, começou a explicar sua vida. Mesmo aborrecida pelo fato de uma simples empregada intrometer-se em sua vida, decidiu escutar com paciência.

A empregada disse: "Trabalhei em um hotel onde havia um jardineiro muito simpático que sempre me dizia coisas divertidas. Certo dia de chuva torrencial, perguntei a ele: *"Você acredita que o tempo pode melhorar?"*. E ele me respondeu: *"Claro! Meu Deus! Por acaso tudo não acaba sempre melhorando?"*.

A mulher ficou surpresa, pois essa era a resposta perfeita para suas indagações. E lhe disse com respeito: *"É verdade, com a ajuda de Deus, tudo acaba melhorando"*.

Em pouco tempo, todas as suas dificuldades foram solucionadas de modo inesperado.

Afirmações

Espírito Infinito, dai-me sabedoria para tirar o máximo
de proveito das situações que me são apresentadas.
Não deixe nenhuma escapar.

∽

Estou sempre sob a influência direta da inspiração.
Sei exatamente como agir e obedeço instantaneamente
às diretrizes da minha intuição.

∽

O anjo do meu destino me precede
e me protege no bom caminho.

∽

Todo o poder me é dado,
pois sou sereno e humilde de coração.

∽

Para mim, tanto faz chegar em primeiro ou último,
pois sei que sempre chegarei em primeiro.

∽

Coloco sobre o altar minha vontade pessoal.
"Seja feita a vossa vontade e não a minha!".
E num piscar de olhos tudo se realizará.
Não há mistérios para o reino do Senhor.
O que devo saber me é revelado instantaneamente
pela graça divina.

~

Sou um instrumento dócil de que Deus dispõe,
e seu plano perfeito sobre mim será cumprido
de modo mágico.

~

15

A PROTEÇÃO

Afirmações

Estou rodeado pela luz branca de Cristo, sendo assim, nada de negativo acontecerá comigo.

Caminho em direção à luz de Cristo, assim, aqueles medos criados por mim são reduzidos a nada.
Nada pode se opor a mim!

16

A MEMÓRIA

Afirmação

Não existe perda de memória para o Espírito Divino, por essa razão, lembro-me de tudo o que tenho que lembrar e esqueço tudo o que não é para o meu bem.

17

OS DESÍGNIOS DIVINOS

Existe um plano Divino para cada ser humano. Da mesma forma que a imagem perfeita de uma azinheira está para o fruto do carvalho, o supraconsciente (o Cristo em nós) de cada um de nós se encontra no modelo Divino de nossas vidas.

O Plano Divino não comporta restrições, apenas saúde, riqueza, amor e a própria expressão perfeita.

Do mesmo modo, o ser humano está sempre em seu caminho com os elementos da escolha divina. Ele deseja viver cada dia, segundo o Plano Divino, mas não quer sofrer reações desagradáveis.

Uma moça estava de mudança para seu novo apartamento, que já estava praticamente todo mobiliado, quando um pensamento veio à sua mente: "Neste lado do quarto falta um biombo". Pouco depois, quando passava ao lado de uma loja de antiquários, viu um magnífico biombo chinês, ricamente esculpido.

Entrou para saber o valor e o vendedor lhe disse que custava mil dólares, mas que seu proprietário estaria disposto a vendê-lo por menos. Então, perguntou-lhe quanto estava disposta a pagar por ele. Sem pensar muito, a moça disse: "Duzentos dólares!". O vendedor disse que consultaria o proprietário.

Obviamente, a moça não queria roubar ninguém, muito menos adquirir o que não lhe pertencia. Voltando para casa, ela dizia a si mesma: *"Se é para mim, não posso perdê-lo, mas se não é para mim então não quero"*.

Naquele momento, começou a nevar e, para dar mais força às suas palavras, ela passou a chutar a neve e repetir a afirmação. Depois de vários dias, a moça recebeu uma carta do proprietário do biombo comunicando que concordava com sua oferta.

Desse modo, vemos que a Inteligência Divina pode realizar qualquer desejo, mesmo que se trate de um biombo chinês ou de milhões de dólares.

"Antes de me chamar, eu lhe responderei", mas ao menos que se trate de um biombo ou de um dinheiro que nos está destinado divinamente, não vai nos trazer a felicidade.

"Se o Eterno não constrói sua casa, aqueles que a constroem trabalham em vão".

(Salmo CXXVII-1)

Afirmações

Eu me livro de tudo aquilo que não é querido por Deus e o plano perfeito de minha vida se realizará.

∼

O que é meu por Direito Divino nunca poderá ser arrebatado. Os desígnios de Deus são eternos para mim.

∼

Sigo o caminho mágico da intuição e por meio da Graça Divina sei que estou na Terra Prometida.

∼

Meu espírito, meu corpo e meus negócios estão modelados, para mim, segundo a imagem divina.

∼

Deus é o único poder e esse poder reside em mim. Só existe um plano: o Plano Divino e ele se realizará plenamente.

∼

"Agradeço porque obtenho do Universo tudo o que atende aos desejos do meu coração.".

∼

Os desígnios de Deus, para minha vida, se realizarão agora. Ocupo o lugar que é meu e que ninguém mais pode ocupar. Faço, agora, as coisas que sei fazer e que ninguém melhor que eu pode fazer.

~

Faço tudo o que é necessário para executar o Plano Divino previsto para mim, estou à altura de qualquer situação.

~

Todas as portas se abrem diante de surpresas felizes e o Plano Divino de minha vida se realizará prontamente, sob a influência da Graça Divina.

~

18

A SAÚDE

Quando um ser humano irradia felicidade e harmonia, significa que goza de boa saúde. Todas as doenças procedem de um pecado ou de uma violação da lei espiritual.

Jesus Cristo disse: *"Cura-te! Teus pecados estão perdoados."*.

O rancor, a má vontade, o ódio, o temor, entre outros sentimentos, destroem as células do corpo e envenenam o sangue.

Os acidentes, a velhice e a morte procedem das nossas falsas imagens mentais.

Quando um ser humano se vê como Deus o vê, volta a ser irradiante, eterno, livre de doenças e da morte, pois "Deus criou o ser humano à sua imagem e segundo sua semelhança.".

Afirmações

Nego o cansaço, pois nada pode me cansar.

Vivo no reino de alegrias eternas, onde tudo me
interessa e me cativa. Meu corpo é um "corpo elétrico",
por meio do qual nem tempo, cansaço,
nascimento ou morte têm poder.

∽

A noção de tempo e espaço desaparece. Vivo agora no
maravilhoso presente, que não comporta nascimento
nem morte. Sou único para Deus!

∽

O senhor em mim é a alegria eterna,
a juventude eterna, a riqueza eterna,
a saúde eterna, o amor eterno, a vida eterna.

∽

Sou um ser espiritual. Meu corpo é perfeito,
criado à Sua imagem e segundo Sua semelhança.

∽

A luz de Cristo penetra agora em cada célula do meu
corpo. Agradeço por minha saúde radiante.

∽

Os olhos

Correspondências: temores, suspeitas, medo de obstáculos, estar sempre à espreita das desgraças, viver sempre no passado ou no futuro e não no presente.

Afirmações

A luz de Cristo inunda meus olhos, tenho a clara visão do espírito. Vejo e percebo claramente que não há obstáculos no meu caminho, vejo claramente a realização dos desejos do meu coração.

∽

Tenho um olho "raio X" do espírito.
Vejo através dos obstáculos aparentes,
vejo claramente como se realiza o milagre.

∽

Minha visão espiritual é tão clara como um cristal, vejo claramente o caminho que se abre diante de mim. Não há obstáculos em meu caminho, vejo como se realizam os milagres e os prodígios.

∽

*Agradeço pela minha visão perfeita.
Vejo Deus em meus semelhantes,
vejo o bem em qualquer situação.*

~

Minha visão é nítida como um cristal, como a de um espírito. Vejo sempre acima e ao meu redor, uma vez que meus benefícios vêm do norte, do sul, do leste e do oeste.

~

Meus olhos são os olhos perfeitos de Deus.
A luz de Cristo me irradia e ilumina o meu caminho.
Vejo claramente que não há leões em meu caminho,
apenas anjos e bênçãos infinitas.

~

A anemia

Correspondências: aspirações insatisfeitas, falta de felicidade.

Afirmação

O espírito que está em mim me alimenta. Cada célula do meu corpo está repleta de luz. Agradeço por minha radiante saúde e minha felicidade infinita.[2]

Os ouvidos

Correspondências para a surdez: força de vontade pessoal, teimosia e desejo de não ouvir certos assuntos.

Afirmação

*Meus ouvidos são os ouvidos do espírito.
A luz de Cristo penetra em meus ouvidos, fazendo desaparecer toda resistência e deformidades.
Escuto claramente a voz da intuição e a obedeço.
Escuto claramente as boas novas.*

---

[2] Essa afirmação pode ser usada para a cura de qualquer doença

O reumatismo

Correspondências: espírito crítico, julgamentos cruéis.

Afirmação

A luz de Cristo irradia minha consciência e elimina todo pensamento perverso.
Amo todo mundo e todo mundo me ama.
Agradeço por minha saúde e por minha felicidade.

～

Tumores

Correspondências: ciúmes, ódios, ressentimentos, temores.

Afirmação

Toda planta que não foi plantada no Céu por meu Pai será arrancada. Toda falsa ideia que não está em minha consciência será dissipada agora.
A luz de Cristo penetra em mim através de cada célula.
Agradeço por minha saúde radiante e por minha felicidade presente e eterna.

～

Doenças do coração

Correspondências: temores, cólera, entre outros.

Afirmação

Meu coração é uma ideia perfeita do Espírito Divino
e, atualmente, ocupa um lugar justo
para desempenhar uma função justa.
É um coração generoso que ignora o medo,
é um coração amante.
A luz de Cristo se propaga por todas as células.
Agradeço por minha saúde radiante.

Os animais[3]

Afirmações

Nego toda a aparência de desordem.
Este cachorro é uma ideia perfeita do Espírito Divino e,
neste momento, expressa a ideia perfeita
de um cachorro perfeito.

---

3 Para o cachorro, por exemplo

A Inteligência Infinita ilumina e dirige este animal.
É uma ideia perfeita do Espírito Divino,
que ocupa sempre seu justo lugar.

19

OS ELEMENTOS

O ser humano, criado conforme a imagem e semelhança de Deus, recebeu poder e domínio de tudo que foi criado. Tem o poder de ameaçar os ventos e as ondas do mar, além de deter a maré e provocar a chuva, conforme suas necessidades.

Há uma tribo de índios que vive num deserto e dispõe apenas do poder da oração para provocar a chuva necessária para suas colheitas. Eles realizam a dança da chuva, que é uma maneira de orar. Porém, nenhuma pessoa obsediada por algum temor pode participar dessa dança.

Para poder participar da dança, a pessoa deve passar por algumas provas de valentia.

Uma testemunha ocular contou-me que, num belo dia de Sol, viu cair um verdadeiro dilúvio.

O fogo

Afirmação

O fogo é o amigo do ser humano e está sempre num lugar justo, realizando um trabalho justo.

~

A seca

Afirmação

Não há seca para o Espírito Divino.
Agradeço a chuva que cai em quantidade suficiente para regar as colheitas e os jardins.
Vejo claramente a queda da chuva.
Ela é benéfica e manifesta-se neste momento.

~

As tempestades

Afirmação

O Cristo que há em mim me domina agora,
inclusive os ventos e as ondas do mar,
estabelecendo uma grande calma.
Vejo claramente a paz estabelecida
sobre a terra e o mar.

As viagens

Afirmação

Agradeço por essa viagem divinamente projetada,
realizada em condições divinamente preparadas e com
recursos divinamente procurados.

20

DIVERSOS PENSAMENTOS

Tudo aquilo que você odeia certamente acontece. Na verdade, o ódio cria uma imagem viva no nosso subconsciente e acaba tomando corpo.

O único modo de apagar essas imagens é se opondo e resistindo.

Conheci uma mulher que sentia muito interesse por um homem, que sempre lhe falava de suas primas, dizendo que eram encantadoras. Essa mulher era ciumenta e cheia de ressentimentos. Certo dia, esse homem desapareceu de sua vida. Depois de um tempo, ela conheceu e apaixonou-se por outro homem, no entanto, durante o transcorrer de uma conversa, esse homem também comentou sobre umas primas das quais gostava muito.

A princípio, a mulher se irritou, mas logo sorriu e pensou: *"Sempre me deparo com primas"*.

Só que, dessa vez, procurou resistir e disse:

"Abençoo todas as primas e primos do Universo e os envio pensamentos positivos".

Achava que se não agisse dessa forma, esse homem também desapareceria. Essa atitude lhe trouxe êxito e nunca mais ouviu falar sobre primas.

Isso mostra a razão por tanta gente passar por experiências desagradáveis, que se repetem constantemente ao longo de suas vidas.

Conheci uma mulher que a todo momento fazia alarde de suas preocupações. Ela sempre dizia:

"Sei melhor do que ninguém o que são os problemas" e, em seguida, esperava escutar palavras de consolo e simpatia.

Naturalmente, quanto mais falava de suas dificuldades, mais problemas surgiam. Esse ato fazia com que suas palavras a condenassem. O certo seria dizer palavras para neutralizar essas dificuldades em vez de multiplicá-las.

Se, por exemplo, ela tivesse dito:

"Recuso toda a carga negativa que está sobre mim em nome de Jesus Cristo e deixo meu caminho livre", e se não tivesse proclamado tantas vezes as palavras negativas, com certeza seus problemas já teriam desaparecido, pois as palavras positivas são as que prevalecem.

"Toda a terra que vês, eu darei a ti.".

O ser humano sempre colhe aquilo que planta no mundo do seu pensamento.

Uma mulher precisava de uma quantia em dinheiro. Caminhava pela rua afirmando que Deus era seu socorro imediato. E, nesse preciso momento, deparou-se com uma nota de cem dólares que estava no chão. Olhou ao seu redor e viu um policial. Quando foi entregar-lhe a nota, ele disse para ela ficar com o dinheiro, pois fazia um tempo que ele estava olhando para a nota pensando ser um papel de goma de mascar.

Sem dúvida, muita gente passou ao lado da nota e também a confundiu com um pedaço de papel, sendo assim, o dinheiro não era para nenhuma dessas pessoas e estava destinada àquela mulher.

Isso ocorre muitas vezes em nossas vidas: alguns alçam o voo enquanto outros o deixam escapar.

"A fé sem obras (os esforços, as lutas, as ações) estariam mortas.".

O aluno que pretende ver a manifestação de sua oração deve demonstrar uma fé ativa e atuante.

Certo dia, uma moça me pediu para "pronunciar uma palavra" a fim de conseguir alugar um quarto do seu apartamento. Foi aí que lhe disse: *"Agradeço porque este quarto já está alugado à pessoa certa e a um preço justo e satisfatório para ambas as partes.".*

Passaram-se semanas e aquele quarto não era alugado.

Então, perguntei à moça:

"Você demonstrou fé ativa nas suas palavras?",

"Seguiu todos os impulsos que teve destinados a este quarto?".

E a moça respondeu:

"Tive vontade de comprar um abajur novo para o quarto, mas como achei que era um gasto desnecessário não o comprei".

Em seguida, respondi-lhe:

"Você não conseguirá alugar este quarto se não fizer gasto com o abajur, pois, comprando-o, demonstrará que tem fé ativa e seu subconsciente lhe dará a noção de certeza. Qual é o preço do abajur?".

"Catorze dólares", ela me respondeu.

"Pois esse é o valor que a separa do inquilino desejado", eu lhe disse.

Seu entusiasmo foi tanto que comprou dois abajures.

Depois de uma semana, apareceu para ela o inquilino ideal: uma pessoa que não fumava, pagava adiantado e tinha todas as características que a mulher queria para alugar seu quarto.

"Se não voltar a ser criança e cavar vossos poços, nunca entrarás no reino da manifestação.".

~

"Sem visão, meu povo acabará.".

A menos que o ser humano tenha um objetivo, a Terra Prometida que dirige seus pensamentos poderá morrer.

O que podemos constatar é que, nas pequenas cidades, os seres humanos sentem-se como se estivessem ao redor do fogo, sem nenhuma ambição. Entretanto, cada um dorme em uma terra ainda não descoberta, uma verdadeira mina de ouro.

Conheci, numa dessas cidades do interior, um homem que era chamado de "Magnólia Charlie", pois, durante a primavera, ele era sempre o primeiro a encontrar uma flor de magnólia.

Trabalhava como sapateiro, mas todas as tardes tinha o costume de deixar seu trabalho para ver como chegava o trem das 4 horas e 15 minutos. Era a única distração que tinha em sua vida: a primeira magnólia e o trem desse horário.

No entanto, no mais profundo dos seus sentimentos, dentro do seu subconsciente, ele previa algo: que poderia ter um brilhante futuro viajando ou como um botânico, mas nunca chegou a viver esse futuro.

Por meio da palavra pronunciada, os desígnios de Deus podem ser realizados a qualquer momento e permitir com que cada um possa realizar seu destino.

"Vejo claramente o plano perfeito de minha vida. O entusiasmo Divino me fascina e realizo agora meu destino.".

~

A atitude espiritual frente ao dinheiro é aquela que tem consciência de que "Deus é a riqueza do ser humano" e que se pode recorrer ao Universo por meio da fé e da palavra pronunciada.

O ser humano que compreende isso deixa de ser miserável e gasta seu dinheiro sem medo. Graças à bolsa mágica do espírito, suas riquezas são infinitas e imediatas. Sabe-se também que se deve dar para poder receber.

Certo dia, uma pessoa me pediu para "pronunciar uma palavra" que lhe permitisse juntar 35 mil dólares antes do início de agosto (era 1º de julho). Conhecendo bem essa pessoa, eu lhe disse: "O problema está em você. Não dá o suficiente, é preciso preparar sua abundância dando primeiro.".

Por outro lado, ela havia aceitado um convite para passar uns dias na casa de uma amiga, mas não estava bem convencida de ir e não sabia como dizer não. Então, pediu-me para que pronunciasse uma palavra de modo que não tivesse problemas enquanto estivesse na casa da amiga e conseguisse, até o fim do mês, o valor de que necessitava.

Ela estava inquieta e nervosa, precisava ir à casa da amiga, já fazia dois dias e ela lutava contra isso.

Foi aí que se lembrou do meu conselho e deu um magnífico presente à sua amiga.

O dia 1º de agosto aproximava-se e ainda não tinha o dinheiro de que precisava, nem sabia como fazer para ir à casa de sua amiga.

No último dia de julho, disse a si mesma:

"Meu Deus! Acho que ainda não dei o dinheiro suficiente".

Então repartiu generosas gorjetas para os empregados da casa.

No dia seguinte, 1º de agosto, recebeu de um hóspede um cheque no valor de 35 mil dólares.

"Deus havia realizado um milagre por meios inesperados!".

Afirmações

Deus não separa nem divide, por essa razão,
meus bens não podem ser divididos nem separados.
Sou único e meu bem é exclusivo.

Tudo o que me pertence por Direito Divino circula
livremente ao meu alcance e chega até mim por
caminhos perfeitos, sob a influência da graça de Deus.

A obra de Deus foi realizada e agora será manifestada.

Minha fé é suficiente para que a abundância ilimitada
manifeste-se, agora, ao meu favor.

As aparências não me alteram. Tenho confiança em
Deus e Ele me concede os desejos do meu coração.

Meus bens chegam até mim de maneira surpreendente.

O Plano Divino que rege minha vida não pode ser
modificado enquanto está sendo executado.
Ele é constante e resistente, espera simplesmente
que eu o reconheça.

Revela-me o que fazer, permite que eu veja claramente
as bençãos que tenho por direito.

Que a vontade bendita se realize sempre sobre mim.

Os impulsos parecem cachorros de caça que o céu me
envia e, assim, encaminha-me pelo caminho justo.

Tudo o que busco já está me buscando.

A ação divina atua agora no meu espírito, no meu
corpo e nos meus negócios e me dou conta disso.

Já que sou único com a Presença Única, sou único com
os desejos do meu coração.

~

Vejo agora através do olho único do espírito
e só vejo perfeição.

~

Sou perfeito para o Espírito Divino, sempre estou
onde tenho que estar, ocupado com a atividade que me
convém, no momento certo e por um salário justo.

~

Aquele que ama a aventura
será ajudado em qualquer circunstância.

~

DICAS DE LEITURA

www.editoraisis.com.br

O PODER DO UNIVERSO ESTÁ EM VOCÊ

LAURA SCHAFNER

ISIS EDITORA

REALIZE TODOS SEUS DESEJOS

Deixe que a mente subconsciente trabalhe para você

Geneviève Behrend